현용기록물 관리 : 업무편람

Managing Current Records : A Procedures Manual

고 선 미 역 │ 한국국가기록연구원 감수

진리탐구

● 발간사

　지금으로부터 6년 전 한국국가기록연구원이 출범하였다. 지난 시간을 회고해보면 아쉬움도 있고 또 앞으로 해야 할 일도 산적해 있다. 그러나 한편으로는 나름대로의 뿌듯함을 느끼기도 한다. 시민기록문화전, 기록문화 시민강좌 개설, 심포지엄, 기록문화상 제정, 한국기록학회 조직, 월례발표회, 한국기록관리학교육원 개원 등등, 모두가 우리의 기록문화 발전에 초석이 될 것임은 분명하다.

　연구원의 출범과도 무관치 않지만 우리의 기록문화에 또 하나의 이정표라고 할 수 있는 것은 기록물관리법령의 제정이다. 법령의 제정으로 이제 우리도 근대적 기록관리체제에 들어갔다고 말할 수 있게 되었다. 그러나 법령의 제정이 바로 실시로 이어지지는 않는다. 죽어 있는 법령이 얼마나 많은가. 새로운 법령이 제정되면 이에는 크고 작은 '저항과 편승'이 있기 마련이다. 새로운 기록관리법령에 대한 '저항'은 현재 법령상 존재해야할 자료관의 설치 실태만을 보아도 잘 알 수 있다. 새로운 법령에는 공공기록물은 전문가(기록물관리전문요원, 아키비스트)가 관리하게 되어 있고 이들 전문가의 자격 요건도 규정되어 있다. 이에 몇 년도 안된 사이에 많은 대학에서 기록관리학 대학원과정이 신설되었다. 물론 모두가 기록관리분야 전반을 위해서는 발전적인 변화이다. 그러나 그 내실을 보면, 즉 교수, 교재, 참고도서, 실습실 등의 면에서 보면 부실하기 짝이 없는 경우도 있다. 이는 새로운 법령에 대한 '편승'이라고 할 수 있다.

　그러나 '저항과 편승'을 탓하고만 있을 수는 없다. 사실 '저항과 편승'의 가장 큰 원인은 기록관리에 대한 이해의 부족일 것이다. 이를 위해 연구원은 과감히 ICA 총서시리즈를 번역하기로 결정하였다. 단순한 번역은 아니다. 권수로도 30권이 넘는다. 양도 양이거니와 여러 사람이 나누어 번역할 수밖에 없기에 통일성을 기하기가 무척 어려우리라 예상된다. 그럼에도 불구하고 한국 기록관리학의 기초를 놓는다는 심정으로 번역을 시작하였다.

　본 총서시리즈는 국제기록관리재단(International Records Management Trust)과 ICA에서 공동으로 추진한 결과물, 국제적으로 널리 이용될 수 있는 최선의 기록관리 업무 방식 도출을 목적으로 하였다. 또한 기록관리 전문가 외에도 체계적으로 기록학에 접근하지 못했던 사람들에게 학습모듈을 제공하려는 의도에서 만들어졌다. 이 때문에 기록관리시스템이 불충분하거나 적절한 기록관리 교재와 교육인프라가 결핍된 국가에게는 유용한 교재가 될 것이다.

　기록관리 분야의 실무와 학문이 발전일로에 있는 우리 나라에서도 이 교재의 보급이 시급함은 물론이다. 앞으로 이 학습교재가 공공부문의 기록관리전문가를 위해서 뿐만 아니라 민간부문에서도, 그리고 아키비스트의 업무능력과 전문성을 높이는 데에서도 널리 활용되기를 바란다.

　본인은 2000년 9월, 연구원을 대표하여 스페인 세빌리아에서 개최된 ICA총회에 참석하였다. 회의 규모의 크기에도 놀랐지만 개최국의 선진적 기록관리 및 보존에도 놀랐다. 아시아에서는 유일하게 1996년 중국의 북경에서 개최되었다고 하니 중국의 문화적 깊이를 보여주는 듯하다. 한국의 서울에서 ICA총회가 열릴 기록관리 선진국을 기대하며, 본 역서가 그런 기대에 일조하기를 바라마지 않는다.

　본 역서를 내면서 감사드려야 할 분들이 있다. 먼저 한국국가기록연구원의 참뜻을 이해하여 저작권에 대한 비용을 과감히 포기해준 ICA 관계자 여러분들에게 감사의 뜻을 표하고자 한다. 또 상업성을 떠나 선뜻 출판을 맡아주신 진리탐구의 조현수 사장님 및 편집부 일동에게 진심으로 감사드린다. 마지막으로 그다지 좋지 못한 조건에도 불구하고 번역을 흔쾌히 맡아주신 번역자 여러분들에게 깊은 감사를 드린다.

김학준(한국국가기록연구원 원장)

김 학 준

역자 서문

이 편람의 번역을 시작한 지도 벌써 4년, 번역초고를 내고 감수를 받고 다시 수정을 시작한지도 2년이나 되었다. 이렇게 오랜 시간이 걸린 데는 두 가지 이유가 있었다. 하나는 순전히 개인 사정이었고 또 하나는 'MPSR 시리즈가 시의성이 떨어지지 않는가' 하는 정말 단순하고 개인적인 판단 때문이었다.

처음 번역을 시작할 때는, 포스코에서 보존기록물을 발굴·정리하며 내 안에 설익은 기록학의 원칙을 기계적으로 적용해 보고 싶어 했다. 번역초고에 대한 감수결과를 받았을 때는, 학위논문을 쓰느라 곁눈도 줄 수 없었다. 오히려 기록물 기능분류론이니 기록물연속체론이니 하는 새로운 기록학 이론의 등장으로 괴로워(?)했다. 그리고 이제 기록관리 현장에서 기록관리법의 제정배경이며 새로운 기록물 관리제도의 내용이나 기대효과 등을 역설하고 기록물분류기준표를 제정하면서 마침내 번역을 끝내게 되었다.

이러한 일련의 과정 속에서 MPSR 시리즈에 대한 오해와 폄하하던(?) 마음이 바뀌었다. MPSR 시리즈는 익히 알고 있는 바와 같이, 종이기록물을 대상으로 관리방법을 서술하는 전제 하에 만들어진 기록관리 기본교재이다. 이와 달리, 기록관리법에 근거한 국내 기록물 관리제도는, 전자정부를 지향하며 전자적으로 기록물을 생산하고 보존하고 궁극적으로는 업무를 처리하는 각종 정보시스템까지 하나로 모아갈 수 있는 기반을 조성하고 있는, 행정부의 기록관리 현실을 기반으로 하고 있다. 그러나 모든 기관이 동일한 상황에 있는 것은 아니다. 그런 면에서 볼 때, 가장 원론적이면서도 매우 상세한 이 시리즈의 존재감이 무겁게 다가온다.

MPSR 시리즈에서 현용기록물 관리에 관한 것은 본서와 더불어 『현용기록물 : 생산과 관리』(Organizing and Controlling Current Records), 『현용기록물 관리체계의 재구성 : 업무편람』(Restructuring Current Records System : A Procedures Manual), 『업무시스템 분석』(Analysing Business Systems) 등이다. 이 중 『업무시스템 분석』은 이미 번역서가 발간되었고, 이번에 번역된 것이 『현용기록물 관리 : 업무편람』(Managing Current Records : A Procedures Manual)과 『현용기록물 관리체계의 재구성 : 업무편람』(Restructuring Current Records System : A Procedures Manual)이다.

본 편람에서는 현용기록물의 관리, 준현용기록물의 (자료관으로) 이관절차, 자료관으로 이관된 기록물의 이용방법에 대해 매우 구체적으로 설명하고 있으며 각종 관리서식까지 친절하게 다루고 있다. 현용기록물의 생산·등록, 분류·편철, 정리·이관을 세세히 살펴보고, 사무관리규정이나 기록관리법의 기록물관리책임자에게 위임되어 있는 국내 현용기록물 관리내용과 비교하여 상이한 점을 찾아보는 것도 이 편람을 읽는 재미가 될 것이다.

본 편람 말미에 있는 색인어는 역어와 원어를 병기하였다. 이는 오역에 따른 폐해를 줄여보고자 하는 선의에 따른 것이나 또한 오역에 대한 책임을 조금이나마 덜어보고 싶은 얄팍한 소심함도 들어있다. 시리즈 역자들의 공통 번역어를 그대로 사용하였으나 지금도 정확한 역어를 찾지 못했다고 생각되는 것이 있다. 또, 여러 원어를 동일한 용어로 번역하거나 한 가지 표현을 문맥에 따라 여러 가지로 번역한 경우도 있다. 예를 들어, letter, paper, correspondence의 경우에는 '문서'라고 서술하되 문맥에 따라 구분이 필요할 경우 문서, 서류, 접수문 등으로 표현하였다.

고마운 얼굴들이 많다. 우선 어설픈 번역초안을 읽고 의견을 준 고려대학교 박물관의 강소연 선생과, 감수와 더불어 역서의 발간절차를 여러 가지로 꼼꼼히 챙겨준 한국국가기록연구원의 김명훈 선임연구원께 감사를 드린다. 더불어 한번에 교정을 마무리하지 못하고 번거롭게 했음에도 성심을 다해준 진리탐구 편집진에게도 감사의 인사를 전하고 싶다.

올바른 기록관리제도를 안착시키는 대장정에 언제나 용기를 북돋워주시는 은사님, 현장에서 나 홀로 버티고 있을 동료들, 그 누구보다 내 삶의 든든한 버팀목이 되어주는 남편과 두 딸에게 이 책을 바친다.

2004년 10월

역자 고 선 미

차례

표준서식

현용기록물 관리 업무편람 소개

　본 편람에서는 현용기록물을 관리하는 절차와 준현용 단계의 기록물을 문서과(record office)에서 자료관으로 이관하는 절차나 자료관(record centre)으로 이관한 기록물을 문서과에서 이용하는 절차에 대해서 설명한다.

　본 편람에서 다루는 기록물은 주제문서철(subject files)로 정책문서철, 집행문서철, 부서 운영문서철 등이다. 이는 시설, 장비, 소모품, 업무연락 등 기본적으로 부서를 운영하는 일상적인 활동뿐만 아니라 조직의 정책, 기능, 업무협조절차에 관한 문서이다. 그러나, 네 가지 특수영역의 기록물-재무, 인사, 병원, 법률 기록물-은 각각 별도의 모듈에서 다룬다.

　본 편람은 문서과 직원이 기본적인 업무지침서로 이용할 수 있도록 구성하였다. 현용기록물 관리의 원리와 실무에 대해서는 『현용기록물 : 생산과 관리』(Organizing and Controlling Current Records)를 참고하기 바란다.

용어와 서식

　본 편람에서 문서과는 현용기록물을 생산하고 관리하는 부서(units)나 등록소(registries)를 의미한다. 또 보존기록관리기관(archival institution), 자료관, 기록물관리기관(records and archives institution)은 일반적으로 통용되는 개념을 사용하였다. 이 기관들을 통제하는 조직은 기록물관리기관이다. 그러나, 몇몇 정부기관이나 단체에서는 기록물을 현용·준현용·비현용으로 구분하지 않고 전반적으로 관리하기도 한다.

　'아카이브'(archives)는 보존기록물을 지칭하고 그 기록물을 관리하는 기관자체는 보존기록관리기관으로 사용하였다. 본 편람을 이용하는 독자는 상황에 따라 보존기록관리기관, 문서과, 자료관 등의 용어를 적절히 응용하여, 국립기록관리기관(national archives), 지역 자료관(provincial records centre), 단체 문서과(corporate records office) 등으로 활용해야 할 것이다.

　모든 서식은 본 편람 말미에 모아 독자가 쉽게 찾을 수 있도록 하였다.

제1장

문서과(record office)의 기능과 책무

문서과의 필수기능은 다음과 같다.

- 내부에서 작성하거나 접수한 (각종 서신, 업무연락, 팩스 등) 모든 형태의 우편물 (mail)을 접수, 등록, 배부한다.
- 신규 문서철을 작성, 색인하고 관련 서류(papers)를 첨부하여 업무담당자에게 전달한다.
- 효율적인 색인, 분류, 추적절차를 통해, 공식적으로 등록하여 관리되는 모든 문서철과 도큐멘테이션을 신속하게 제시할 수 있도록 체계적으로 관리한다.
- 효율적인 색인, 분류, 추적절차를 통해, 공식적으로 등록하여 관리되는 모든 문서철의 소장위치를 확인하고 신속히 제공한다.
- 공식적으로 등록하여 관리되는 모든 문서철과 도큐멘테이션을 서고에 보존하고 열람서비스를 제공한다.
- 업무담당자가 생산한 모든 문서(correspondence)를 효율적으로 적시에 발송하기 위하여 등록하고 정리한다.
- 기록물관리기관이나 기록물 관련 조직[부서] 및 직원 사이에 합의된 보존기간을 경과한 모든 문서철과 기록물을 재평가하고 처리한다.

1. 문서과에 대한 관리책무

기록물관리기관과 지역별 관리기관(local line management)이 문서과를 관할한다. 기록물관리기관은 문서과에서 효과적이고 효율적으로 기록물을 제공할 수 있도록 연수나 시찰 등을 통해 필요한 모든 전문적인 기술부문(technical matters)을 책임진다. 지역별 관리기관은 문서과의 비기술적인 문제는 물론 문서과 담당자(record staff)의 복지, 훈련, 비전문가 대상 교육을

담당한다. 기록물관리기관과 지역별관리기관 간에 분할되어 있는 책무는 긴밀한 공조관계 하에 유지된다.

문서과의 장은 부서의 일일업무를 관장하고 이용자에게 기록물을 제공하는 일차적인 책임자이지만, 현용기록물을 관리하는 기술(techniques)과 절차에 대해서는 기록물관리기관과 연계한다.

2. 이용자를 위한 문서과 담당자의 책무

문서과는 업무담당자가 기록물을 이용할 수 있도록 봉사하는 부서이기 때문에 항상 이용자의 편에서 최대한 배려하고 협력한다. 따라서 문서과 담당자는 기관이나 업무담당자의 요구사항이 무엇인지 관심을 가져야 한다. 그리고 이용자가 토로하는 불만에 대해 즉각적이고 책임있는 대답과 설명을 다하고, 이용자의 개선요구를 겸허하게 받아들여 적극적으로 반영하고 가능한 한 모두 시행한다.

3. 이용자의 책무

문서과가 잘 운영되려면 담당자와 이용자 사이의 적극적인 유대관계가 필요하다. 업무담당자도 다음 사항을 잘 이행해야 원활한 기록물 관리를 기대할 수 있다.

- 기록물을 대출한 후 바로 이용하고 더 이상 필요하지 않을 때는 즉시 문서과로 반납한다.
- 일시적으로 필요하지 않은 문서철도 반납한다.
- 부본이나 초안 등과 같이 보존할 필요가 없는 자료는 문서철에서 빼낸다.
- 모든 발신문서에는 관련 문서철을 밝힌다.
- 필요하다면, 우편물 색인방법에 대한 지침을 명확히 제시한다.
- 문서과를 경유하지 않고 업무담당자나 다른 사람에게 문서철을 넘길 때에는 문서철인수인계카드(file movement slip)[1]를 작성하여 문서과에 제출한다.

---

1) [역주] 기록물을 문서과에서 대출하거나 업무담당자들 사이에 주고 받거나 문서과로 반납되는 것을 구분

- 문서과의 기록물 점검을 위한 조사나 탐문에 전적으로 협조한다.

4. 문서과와 기록물의 생애

문서과는 기록물을 생애주기 초기에, 생산된 본래 목적에 따라 업무에 이용될 수 있도록 관리하는 곳이다. 따라서 문서과에서는 기록물의 생애주기에 따라 문서철을 자료관으로 이관하는 시기와 방법을 인지하고 있어야 한다.

한편, 기록물관리기관에서는 정부기관이나 조직이 필요로 하는 정보를 효율적으로 이용할 수 있도록 기록물의 생애주기 전체를 관리하므로, 문서과는 물론 자료관과 기록물보존시설(archival facilities)을 관할한다.

자료관에서는 준현용기록물(semi-current recordds)을 보관하고 검색한다. 준현용기록물이란 업무에 매일 이용되지는 않으나 가끔 참조하거나 법적·재정적 가치 때문에 보관해야 하는 기록물을 말한다.

따라서, 문서과 담당자는 현 업무에 필요하지 않은 문서철을 자료관으로 이관하고 문서과에 보관되어 있지 않은 준현용기록물을 열람하고자 하는 이용자의 요구에 대비하기 위해 정기적으로 자료관을 활용한다. 이를 통해, 문서과와 자료관의 효용을 제고할 수 있다.

> *자료관을 관리하는 절차에 대해서는 『자료관의 기록물 관리 : 업무편람』(Managing Records Centres: A Procedures Manual)에서 개괄하고 자료관의 역할은 제9장에서 좀더 상세히 다룰 것이다.*

영구 보존할만한 역사적 가치가 있는 기록물은 보존기록관리기관에서 관리되고 일정한 시기가 지나면 연구목적으로 일반인에게 공개된다.

> *보존기록물의 관리절차에 대해서는 『기록보존소의 기록물 관리 : 업무편람』(Managing Archives : A Procedures Manual)을 참고하기 바란다.*

하지 않고 'file movement'로 표현하므로 문서철의 '인수인계'으로 번역하였다.

제2장

문서(correspondence) 접수

1. 문서의 유형

문서과 담당자는 다양한 종류의 문서를 신속하고 정확하게 처리한다.

문서는 우편, 텔렉스나 팩스, 전자메일, 인편 사송 등 다양한 방법으로 문서과에 접수된다. 문서의 수신처에는 건마다 부·국·청 등의 조직명이나 인명을 기재하기도 한다. 그러나, 때에 따라서는 이를 판독할 수 없거나 부정확한 경우도 있다.

흔치않은 경우이나 '대외비' 등의 비밀문서나 '인사' 등과 같은 개인기록물이 들어있기도 하다. 또, 문서과에서 특히 신중히 등록하고 처리해야 할 어음, 돈, 여타 귀중품이 담겨있을 수도 있다.

2. 우편물(mail) 개봉

'비밀문서'나 '인사기록물'은 항상 규정대로 처리한다. 여타 모든 우편물은 문서과에서 접수하는 대로 개봉하여 날인하고 문서철 박스나 적당한 보존용기에 넣어둔다.

봉투는 위에서 아래로 찢되 내용물이 손상되지 않도록 조심한다. 첨부물은 본문에 붙어있지 않거나 분리된 채로 접수되는 경우가 많다. 그러므로 모든 첨부물은 문서표지에 기재하여 붙이고 특히 가치 있는 첨부물이나 인사기록물, 수표나 증권 등은 더욱 신경을 써서 손상되지 않도록 잘 다뤄야 한다.

증권, 증서, 기타 법적 문서는 특별히 취급한다. 이런 문서는 별도의 봉투에 넣고 겉면에 문서철의 내용과 수량을 기재한다. 등록부(register)나 대장(book)에 등록한 후 안전한 장소에 보관하고 문서철과 상호 참조한다.

3. 문서접수대장(Inward Correspondence register)과 우편물 폴더(Mail Folder)

우편물을 개봉하여 모든 첨부물을 살핀 후, 담당자는 문서접수대장의 항목을 전부 기재한다. 일차적으로 접수대장에 기재해야 하는 사항은 다음과 같다.

1. 연번(순번)
2. 문서(letter)생산일
3. 문서접수일
4. 문서발신처
5. 문서생산자가 기재한 참고사항
6. 문서명

<도표 1> *문서접수대장 참조*

문서과의 장이나 담당자는 개별 문건의 처리방법을 결정한다.

일상적인 문서는 편철지침(filing instruction)에 따라 표시하여 편철담당자에게 넘긴다.(제4과 문서편철 참조). 일상적이지 않은 문서는 당해 기관의 최고 선임관리자(the most senior officer)가 회람할 수 있도록 우편물 폴더에 둔다. 문서 회람자는 기관별로 상이하지만, 문서과에서 우편물 폴더를 빨리 회수하기 위해서는 회람자가 가능한 한 적어야 한다.

회람자는 즉시 우편물 폴더안에 있는 문서에 주의를 기울여 이를 직접 처리할 것인지 또는 발송자가 지목한 담당자가 처리하도록 할 것인지 결정한다. 우편물 처리에 대한 모든 지시에는 지시자의 서명과 날인이 있어야 한다. 회람한 모든 우편물은 편철될 수 있도록 문서과에 반납한다.

매일 한차례 이상 우편물을 회람하는 곳에서는 회람 후 즉시 회신해야 하는 '긴급' 표시사항을 제외하고는 미뤄두었다가 차후 일괄적으로 묶어서 처리한다. 다만, 인편으로 전달된 문서는 신속히 처리할 필요가 있다.

문서과에서 우편물 폴더를 회수하면 즉시 해당 문서철에 편철한다. 지명된 업무담당자에게 문서철을 전달하기 전에 문서과 직원은 '문서철관리카드'(file transit sheet)[2]에 업무담당자의 이

---

2) [역주] 이 서식은 문서철 종결 및 분철사항과 인수자, 인수일자를 기재할 수 있는 것으로 기록물의 물리적 이동과 관련 기록물의 유기적 관계를 보여준다(6장, 9장 참조). 따라서 'transit'의 역어로 '관리'라는 포괄적

름과 직위, 배부날짜를 기록한다.(제7과 참조) 이 때 다음 정보를 문서접수대장에 기록한다.
1. 문서철을 수령한 업무담당자의 성명이나 직위, 문서 편철일자
2. 문서를 편철한 문서철 번호(file number)

문서철은 지체없이 관련 업무담당자에게 전달되도록 한다.

4. 귀중품이 들어 있는 우편물 접수

수표, 은행환어음, 송금환 등 귀중품이 들어 있는 우편물은 접수시점부터 안전하게 관리한다.
매일 접수되는 모든 우편 송금액을 (문서접수대장에는 물론 별도 송금대장에) 기록하면, 송금처리담당자(post opener)가 서명한다. 문서과 담당자가 송금대장(remittance register)에 기재하는 사항은 다음과 같다.
1. 연번(순번)
2. 접수일
3. 송금자성명
4. 금액
5. (수표인 경우)은행코드
6. 수표번호
7. 송금처리 담당자 성명과 서명

<도표 2> 송금대장 참조

송금대장의 각 장에는 반드시 서식의 일련번호를 붙인다. 송금처리담당자가 기록한 대로 접수된 현금을 확인하여 송금대장에 기재한다. 사용금지 표시가 되어 있지 않은 수표/우편환에는 횡선을 긋는다. 송금대장의 내용을 지우개나 연필을 사용해서 작성하거나 수정해서는 안 된다. 송금대장을 잘못 기재한 경우에는 원래 내용을 알 수 있도록 삭선을 긋고 수정한다. 모든 변경사항에 대해서는 송금처리담당자와 감독관리자(supervising officer)가 공동으로

인 용어를 사용하였다.

서명한다.

　　모든 지불수단(수표, 송금환, 우편환, 은행환어음 등)에 대해서는 다음 사항을 확실히 검토한다.

- 금액이 실행 문서나 송금전표와 일치하는지
- 금액을 표기한 문자와 숫자가 일치하는지
- 일시와 수취인이 정확하게 작성되었는지
- (우편환이나 지불 만기환을 제외하고)송금환에 서명이 되었는지

　　만약 송금목적이 확인되지 않으면, 송금액을 보통예금에 넣고 가능한 한 빨리 필요한 정보를 확보하여 조치를 취한다.

　　우체국에서 접수한 문서에 기재된 금액에 차이가 있는 경우, 송금처리담당자와 감독관리자가 협력하여 문서와 대조하고 송금자는 실수가 있는지 즉시 알려주어야 한다. 이때, 수표는 상황이 종료될 때까지 은행에 입금해 둔다.

5. 전신, 팩스, 전자우편물

　　전신(電信)은 등록한 후 즉시 '긴급'이라고 표기한 폴더에 철하고 이 폴더를 선임관리자에게 지체없이 전달하여 처리지시를 받는다.

　　우편물의 양이 증가하여 문서를 팩스로 받으면, '쓰레기'와 같은 것이 함께 전달되기도 하므로 팩스 문서 가운데 진짜 업무와 관련된 것을 확인한다. 일상적인 전문은 팩스를 이용하여 전달하는 경우가 많으나 필요이상으로 사용해서는 안 된다. 긴급사항을 전송할 때 팩스를 이용할 것인지에 대해서는 문서과장이 업무담당자의 조언에 따라 신중히 결정한다. 팩스로 전송된 문서는 탈색되므로 공무와 관련된 팩스 문서는 팩스문서철에 철하고 복사하여 사본을 우편물 폴더나 해당 문서철에 넣는다. 팩스 문서철에 있는 모든 팩스 수신문서는 일상적으로 6개월 후에 폐기한다. 만약 팩스로 수신된 문서의 원본이 차후 문서과에 접수되면 이를 해당 문서철에 철한다. 이 때, 업무담당자가 이미 팩스사본에 기입한 사항이 있다면, 차후에 수령한 문서원본과 팩스 사본을 함께 보관한다.

　　업무담당자는 장차, 자신의 책상에서 컴퓨터를 통해 전자우편을 이용하여 문서를 전송하는 것이 보편화될 것이다. 그러나 전자우편물에는 공무와 관련 없는 일상적인 사항이 많아

서 읽은 후에 폐기하는 사례가 대부분일 것이다. 전자우편을 주고받는 관리자는 각각의 전자우편이 업무와 관련되는지, 복사하여 편철할 필요가 있는지 결정한다.

접수한 전자우편을 출력하여 편철할 때는 회신사항과 함께 철한다. 가능한 한 전자우편 메시지는 편철하기 용이하게 단일주제로 작성한다. 만약 전자우편이 여러 주제와 관련된다면 사본을 만들어 해당 문서철에 편철해야 할 것이다. 전자메시지를 전자적으로 편철하고 보존하는 것이 가능할 수도 있다. 그러나, 현재 시설로는 이를 시행하기에 적절하지 않은 상황이 대부분이다.

제3장

문서(correspondence) 발송

1. 문서 발송 준비

문서과에서 발송하는 모든 문서에는 본문에 인용된 다른 문서의 참조사항은 물론 주소와 참조번호(문서철 번호, 문건 번호) 등을 정확히 기입한다. 보안이나 비공개 사항은 각 서식의 위와 아래에 표시하여 눈에 잘 띄게 한다. 업무담당자는 문서에 서명한 후 이를 문서과로 보내 발송한다.

2. 문서발송대장

문서과 담당자는 문서발송을 관리할 책임이 있고, 사무실에서 문서를 발송할 때 문서발송대장에 다음사항을 기록한다.

1. 연번
2. 발송문서접수일자
3. 발송일자
4. 문서명
5. 문서참조번호
6. 문서수령인명
7. 발송방법(직송 또는 우송)

<도표 3> 문서발송대장 참조

3. 인편사송대장

직접 전달하는 문서에 대해서는 인편사송대장에 다음사항을 기록한다.

1. 사송일자
2. 문서참조번호
3. 사송자명
4. 발송기관명
5. 수령인성명, 서명, 수령일자

<도표 4> 인편사송대장 참조

4. 우송

문서과에서는 인편으로 문서를 발송할 때에는 인편사송대장을 기재하고 동시에 사송자에게 발송문서나 여타 모든 것을 전달한다. 사송자는 문서를 전달할 때 인편사송대장의 마지막 칸에 수령인의 성명과 서명을 받고 수령일을 기재한다.

제4장

문서 편철(Filing Papers)

I. 등록된 문서철

등록된 문서철이란 특정주제, 사안(transaction)의 유형, 업무영역에 따르거나 이용에 대비하기 위해 문서를 조직적으로 모아놓은 것이다. 등록된 문서철은 세 가지 요소로 구성된다.

- 표제나 문서철의 회람사항을 기입하고 내용물을 보호할 수 있는 표지
- 내용물
- 문서철 전체를 하나로 안전하게 유지시키는 편철방법

문서철 표지(재킷이나 폴더라고도 함)로는 문서보다 좀 크게 자른 단단한 마닐라지나 두꺼운 종이가 사용된다. 이는 문서철을 관리하거나 이용할 때 내부의 문서가 손상되지 않도록 하는 것이다.

문서철 표지에는 기관명, 부서명을 미리 인쇄하되, 문서철명, 문서철 번호, 색인이나 주제어, 보안등급, 분철한 문서철의 앞뒤순서나 참조사항, 문서철의 수록기간(예, 시작 및 종결일자, 년도)를 쓸 수 있도록 여백을 둔다. 또 표지에는 문서철을 이용할 때 회람사항을 기재할 수 있는 표 형태의 서식도 있어야 한다.

<도표 5> 문서철 표지 참조

문서철 내 문서의 질서를 유지하는 것은 편철의 필수요소이다. 문서의 순서를 통해, 의결·집행의 전후맥락과 그 흐름을 확인할 수 있으므로 문서는 사안(transaction)이 이뤄진 순서대로 편철되어야 한다. 즉 개별문서를 날짜순으로 철하는 것이 아니라, 문서과에 접수된 순서에 따라 편철한다. 예를 들어, 1999년 5월 29일 발송한 문서와 5월 26일 접수한

문서를 편철할 때 1999년 5월 29일 발송문서와 관련하여 수신한 문서가 5월26일 이전에 수령된 것이라면, 5월 29일 발송문서는 5월 26일자로 접수한 여타 문서보다 앞에 편철되어야 한다.

문서철 안에 있는 개별문서는 잘못 편철되거나 잃어버리지 않도록 잘 관리해야 한다. 끈 (treasury-tag)을 이용하는 것은 문서철에 있는 문서를 안전하게 다루는 가장 저렴하고 손쉬운 수단으로 권고하는 바이다. 문서철 뒤에서 표지 왼편 맨 위에 구멍을 뚫고, 끈을 문서철 앞표지 안쪽에서 밖으로 뽑아 문서철 측면으로 돌려 뒷 표지에 넣어 문서를 단단히 고정시킨다. 구멍은 편철할 문서의 위쪽 왼편 구석, 위에서 3㎝ 왼쪽에서 3㎝되는 곳에 뚫는다.

2. 분류체계

분류체계는 각각의 문서철과 기록물의 형태(forms of records)를 인식하고 문서철과 기록물 간의 논리적 관련성을 보여주기 위해 필요하다. 문서의 분류체계가 없으면 관련 문서철간의 연관성을 보여주거나 일관되고 정확하게 편철하는 것이 불가능하다. 문서과에서 어떤 체계를 사용하든 각 문서철에는 고유한 식별번호를 부여한다. 문서철 식별번호는 숫자로만 구성될 수도 있고 문자와 숫자를 연결하여 표현할 수도 있다.

> *문서철을 분류는 『현용기록물: 생산과 관리』(Organizing and Controlling Current Records)에서 다루었다.*

3. 문서의 주제확인

우편물은 문서과에 등록·접수되든 회람 후 반납되든 가능한 한 곧 편철되어야 한다. 만약 선임관리자나 업무담당자가 편철에 대해 지시하지 않거나 해당 문서를 편철할 관련 문서철이 없으면, 편철담당자는 문서의 주제를 신중히 파악하고 관련 문서철을 확인하여 새로운 문서철을 만들어야 한다.

기존 문서철이 있는지 없는지 결정하기 위해서는 문서철 색인이나 문서철 분류목록(편철계획)을 신중히 살펴야 한다. 새로운 문서철을 만들거나 문서철 번호를 부여하는 것에 대해서는 제5과에서 서술할 것이다.

보다 상세한 것은 『현용기록물 : 생산과 관리』(Organizing and Controlling Current Records)를 참조하라.

4. 문서철의 문서번호 부여

문서와 첨부물은 접수일자 순으로 최근에 접수한 것을 맨 위에 편철한다. 문서철에 있는 각 문서의 오른쪽 맨 위 구석에 조그맣게 원문자로 연번을 기입한다. 이것이 문건번호(folio number)이다. 문건번호는 문서의 본문이 1쪽 이상인 경우 쪽별로 적지 않고 문서전체를 대상으로 하나만 기입한다. 본문에 여러 개의 첨부물이 있으면, 각각에 알파벳을 적어 구분한다.

- 본 문서
- 첫 번째 첨부물 = A
- 두 번째 첨부물 = B

5. 색인목록(Minute Sheets)

폴더의 양편을 나눠 편철하는 문서철 체계는 등록된 문서를 관리하는 표준방식이다. 이 체계에서 문서는 다음과 같이 나뉘어진다.

- 접수문서, 발송문서의 사본, 각서, 회의록, 통계자료 등은 문서철 우측에 철하고 끈으로 단단히 묶는다.
- 진행 문서철(the opened file)의 좌측에는 색인목록을 두고 끈으로 묶는다. 색인목록에는 간략히 특이점을 서술하고 서명, 날인한다. 이 색인목록은 문서를 추가하거나 해명이 필요한 사항이 있을 때, 업무담당자와 문서과 담당자가 특정 행위가 발생한 시점에 주목하여 오른편에 있는 문서를 활용하는 단서가 된다.

<도표 6> 색인목록 참조

6. 문서철 내 문서의 상호참조와 제거

만약 한 문서나 접수문이 하나 이상의 문서철과 관련되는 경우, 사본을 떠서 원본은 가장 관련성이 깊은 문서철에 철하고 다른 문서철에는 사본을 둔다. 이 때, 원본에는 사본을 철한 문서철 번호를 기재한다. 마찬가지로 다른 문서철에 철한 사본에도 원본의 위치를 기록한다. 그러나, 만약 복사기를 이용할 수 없거나 사본제작에 너무 많은 비용이 든다면 가장 관련성이 높은 문서철에 원본을 두고 여타 관련 문서철에는 각각 문서일자 및 주제와 그 문서를 찾을 수 있는 문서철 번호를 기입해 둔다. 이런 절차로 인해 긴급하게 처리해야 할 사항이 지체되어서는 안 된다.

이미 편철한 문서를 참조해야 하는 전문이 접수되면 문서의 문건번호를 기입하고 같이 철한다.

특별한 경우 문서과장의 지시에 따라 문서를 문서철에서 빼낼 수도 있다. 이런 경우, 문서를 빼낸 자리에 임시주기(temporary note)를 달아 문서의 주제나 문서를 찾을 수 있는 곳을 적어둔다. 문서철에서 문서를 제거할 때는 담당자 서명이 있어야 한다.

7. 비밀문서와 비밀문서철 관리

비밀문서 회람은 효율적인 업무수행을 위해 담당자에 한해 엄격히 제한한다.

비밀문서에는 각 장 상, 하단에 비밀등급을 표시한다. 1급비밀(Top Secret)이나 2급비밀(Secret) 문서의 경우, 담당자는 제목만을 기재하고 수령인이나 업무담당자에 한하여 개봉할 수 있다. 1급비밀, 2급비밀, 3급비밀(Confidential) 문서는 이중으로 포장하여 발송한다. 안쪽 봉투에는 양쪽 끝을 봉인하고 비밀등급을 기재하되 바깥 봉투에는 비밀등급을 표기하지 않고 봉인하지도 않는다. 대외비 우편물(restricted mail)은 단일봉투에 넣어 보내지만 그런 경우에도 표지에 등급을 표시하지는 않는다.

문서철 표지는 비밀등급이 있든 없든 모두 동일한 것을 사용한다. 비밀등급이 부여된 문서철에는 그 등급을 명확히 표시하고 앞표지 안쪽에 관리지시사항을 풀로 붙여 둔다.

8. 전자기록물(Electronic Records) 관리

컴퓨터를 사용하면서 기록물 관리는 더욱 복잡해졌다. 어떤 전산기록물(computerized records)은 결코 종이로 표현되지 않는다. 전산기록물의 생산, 관리, 처리에 관한 규칙을 개발하여 전자기록물을 비공식적으로 처리하는 기록물 관리방식을 지양한다.

이러한 관리실무는 다음 사항에 주의하여 고안되어야 한다.

- 기록물의 무결성을 유지할 수 있어야 한다.
- 기록물을 검색할 수 있어야 한다.
- 기록물의 폐기는 제정된 규정에 따라 합법적으로 수행한다.
- 장기 보존할 가치가 있는 기록물은 보존기록관리기관으로 이관하는데 용이해야 한다.

전자우편의 관리절차에 대해서는 제2장에서 기술하였다.

이에 관한 많은 정보는 『전자기록물 관리』(Managing Electronic Records)를 참조하라

9. 편철할 때 점검할 사항

다음 사항을 정기적으로 자문한다.

- 지정된 문서철에 문서를 넣었는가
- 문서에 기재되어 있는 문서철 참조사항과 문서철 번호가 일치하는가(특히 상호참조 할 수 있는 사본이 없다면)
- 문서가 여러 장으로 이뤄진 경우 누락된 면은 없는가
- 첨부물이 모두 있는가

다음은 편철하지 말아야 한다.
- 여분의 문서 사본, 오래된 초안 등 장래에 중요할 것 같지 않은 문서.
  이러한 문서는 폐기하되 진짜 관리해야 할 필요가 있는 문서는 문서철에서 분리하여

보존한다.

- 출판된 자료와 부피가 큰 보고서.
  문서과에 접수되어 이미 출판된 자료는 기관업무와 관련되지 않는 것이 많다. 따라서 이러한 자료는 직속상관(line manager)의 동의하에 폐기한다. 업무와 관련되는 출판자료나 보고서는 관련 문서철 번호와 문건 번호를 표시하여 별도로 보관하고 그 소장위치를 알 수 있도록 문서표지에 표시한다.
- 기관과 관련이 없는 행사광고, 모임안내, 감사카드와 같이 가치가 낮은 자료

제5장

신규 문서철 생산

1. 신규 문서철 작성

문서가 접수되면, 문서과 담당자는 제4장에서 언급한 바와 같이 관련 문서철이 있는지를 확인하고 만약 적합한 문서철이 없다면 새로운 문서철을 만들어 참조번호와 제목을 단다. 그러나 문서가 발생하기 전에 문서철을 만들어서는 안 된다. 장래에 문서가 발생될 것으로 예상하여 신규 문서철을 만들 경우, 그러한 노력을 허비하거나 문서철 표지를 낭비할 수 있다. 그리고 무엇보다도 위험스러운 것은 문서철 색인에 혼선이 생기게 된다. 문서과장은 신규 문서철의 생산여부와 관련하여 의구심이 생기면 업무담당자에게 조언을 구하고, 업무 담당자는 그들의 요구사항을 적극적으로 제시한다.

신규 문서철을 만들 경우, 문서과 담당자는 신규문서철에 어떤 문서를 편철하고 그 양은 얼마나 될 것인가를 조심스럽게 판단한다. 각 문서철은 단일 주제(single subject), 잘 정의된 단일 업무영역(a well-defined area of business)이나, 사안(transaction)의 유형에 따라 구성된다. 신규 문서철을 만드는 절차에 대해서는 제6과에서 다룰 것이다.

2. 문서철명 작성

각 문서철에는 분명하고 명확한 제목을 부여하여 문서철이 현재 담고 있는 내용을 이용자가 쉽게 알 수 있도록 한다. 그리고 문서과 담당자는 문서철 명이 여러 문서철의 주제이거나 동일한 업무의 또 다른 측면을 포괄하는 용어로 사용해서는 안 된다. 문서철 명은 내용물을 알 수 있고 문서철 안에 있는 자료의 범주를 한정할 수 있어야 한다. 문서철에 새로운 문서를 추가할 때는 문서철 명이 내용물을 계속 정확히 반영할 수 있도록 한다. 동시에 부득이한 경우가 아니면 문서철 명을 변경하지 않고 필요할 때에는 새로운 문서에 적합한 신규 문서철을 만들고 기존의 관련 문서철에 상호참조 표시를 한다.

문서철명을 정할 때에는 업무담당자의 조언을 구하고 항상 이용자의 입장에서 고려한다.

문서철명이 더 이상 내용물을 반영하지 못하는 예외적인 상황이 발생하여 문서철명을 변경하는 것이 바람직하다고 판단되면 문서과장의 승인을 받아 해당 문서철을 종결한 후 적합한 제목의 신규 문서철을 만든다.

3. 문서철 번호 부여

문서철의 번호는 문서과에서 사용하는 문서철 분류체계에 따라 만들어진다. 분류체계는 각각 관련된 문서철을 조직하기 위한 논리의 틀을 제공한다. 코드는 미리 정해진 규칙에 따라 문자나 숫자로 구성하는 분류체계이다. 어떤 체계에서든, 각 문서철에는 알파벳과 숫자를 조합하거나 숫자만으로 구성된 유일한 식별자를 부여한다.

분류와 코드체계에 대해서는 『현용기록물 : 생산과 관리』
(Organizing and Controlling Current Records)에서 논의하였다.

4. 문서철 시리즈 확인

문서철 번호를 부여하는 첫 번째 단계는 적합한 문서철 시리즈를 결정하는 것이다. 일반적으로 각 기관에는 명백히 구분되는 기능(function)에 따른 문서철 시리즈가 있다. 만약 기관이 기능을 수행하는 독립된 부서라면 각 부서별 문서철 시리즈가 있을 것이다.

단일 부서에서 몇 개의 분할된 기능을 수행한다면 그에 따라 몇 개의 시리즈를 구성할 수 있다. 반대로 두 개의 부서가 하나의 기능을 공동으로 수행한다면, 이 점을 고려하여 하나의 문서철 시리즈를 구성한다. 부서간에 몇 개의 문서철을 공유한다 하더라도, 일반적으로 부서의 고유기능에 대해서는 별개의 문서철이 있으므로 두 개의 시리즈가 필요할 것이다.

때때로 조직단위에 부서의 기능을 연결하는 것이 어려울 수도 있다. 그런 경우에는, 문서철 시리즈의 내용과 범주에 대해 문서철을 이용하는 업무담당자와 상의한다.

5. 연번 부여

문서철 번호의 마지막 요소는 연번이다. 이는 주제가 동일하거나 밀접하게 연결되는 문서철을 구별하기 위한 것으로, 일반적으로 '01', '02'를 쓴다. 예를 들면 AC/10/17/01과 같다.

연번이 계속 늘어나면 상황을 진지하게 점검해야 한다. 문서철 번호가 20을 초과하면 해당 문서철을 더 상세한 주제로 분류해야 할지도 모른다. 반대로, 동일하게 분류되는 문서철이 다량인 사안 문서철(case files)인 경우에는 시리즈로 분류하는 것이 더욱 편리할 수도 있다.

6. 문서철의 분철 생산

처음 만들어진 문서철에는 특별히 '권 번호'(volume number)를 부여할 필요가 없다. 기존 문서철이 너무 두껍거나 (보통은 3~5년 정도가 일반적이나) 여러 해의 문서로 구성되면 그 문서철을 분철(part or volume of file)한다. 분철된 문서철에는 알파벳 문자로 다음과 같이 표시할 수 있다.

AC/10/17/01   (첫 번째 문서철)
AC/10/17/01A   (두 번째 문서철)
AC/10/17/01B   (세 번째 문서철)

두 번째 문서철에 'A'를 기입하는 것에 주의해야 한다. 문서과의 문서철 관리서식뿐만 아니라 첫 번째 문서철에 편철된 많은 문서에는 이미 문서철 참조번호 AC/10/17/01을 기재했을 것이고 이는 수정할 수 없다. 문서철 표지의 해당 문서철 박스와 문서철관리카드(file transit sheet)에 기존 문서철과 분철한 후속 문서철의 번호를 쓴다(문서철관리카드에 들어가는 정보에 대해서는 제6장에서 다룬다).

7. 사안문서철(case files) 분류

사안 문서철은 내용은 유사하지만, 개인·조직·프로젝트·장소·이벤트·장비나 기타 공통된 특성으로 별도로 구성되는 문서철이다. 정부기관에서 발견되는 가장 일반적인 사안 문서철은 공무원 인사기록철이다. 사안문서철의 또 다른 유형으로는 외부조직이나 개인과 부서간의 계약과 관련한 문서를 모은 계약문서철, 정부차량에 관한 기록물을 포함한 관용차량관리철(vehicle files), 각각의 비정부기구에 대한 정보를 비슷한 유형으로 묶어놓은 문서철 등을 들 수 있다.

사안문서철의 각 시리즈에는 유사한 기록물이 들어 있지만, 사람, 기구, 지역 등이 상이하므로 이를 알기 쉽도록 시리즈 코드를 부여한다. 이러한 시리즈의 가장 간단한 정리법은 인명, 지명, 프로젝트명과 같이 해당 시리즈의 특성을 따르는 것이다. 예를 들어 비정부기구와 관련한 사안문서철은 정확한 조직명으로 구분하여 각 비정부기구의 알파벳 색인 순서대로 번호를 부여하고 그 번호에 기구를 연결하면 문서철 검색도구로 이용할 수도 있다.

제6장

신규 문서철 등록

1. 신규 문서철 관리체계

새로운 문서철이 생산되면 그 문서철을 등록하고 필요할 때에는 언제든지 추적하여 제시할 수 있도록 알기 쉽게 관리한다. 각 문서철을 관리하는데 요구되는 기본적인 통제 수단으로는, 문서철등록부(file diary), 문서철색인(file index), 문서철관리카드(file transit sheet) 세 가지가 있다. 이 가운데 하나라도 빠뜨리면, 문서과에서는 특정 문서철을 추적할 수 없고, 업무담당자는 효율적으로 그들의 업무를 수행할 수 없다.

2. 문서철등록부(file diary)

신규 문서철이 만들어지면, 문서철등록부에 다음 요소를 기재하여 등록한다.

1. 연번
2. 문서철 번호(문서철이 속하는 시리즈/서브시리즈를 정하는 문서철 분류체계와 코드번호)
3. 문서철 생산일
4. 문서철명
5. 기존 문서철 번호

<도표 7> 문서철등록부 참조

3. 문서철색인(file index)

　신규 문서철은 문서철등록부에 기재하고 이를 신속하게 검색할 수 있도록 색인을 작성한다. 색인은 문서과에서 구비해야 하는 기본도구로 이를 준비하고 이용하는데는 많은 배려가 필요하다. 일단 문서과에서는 업무담당자의 조언을 받아 색인을 작성하고, 일과가 종료될 때는 안전하게 보관한다.

　문서철을 색인할 때 사용되는 '주제어'(subject term)는 색인어 목록(keyword list)이나 통제어휘집(controlled vocabulary)에서 추출한다. 이렇게 하지 않으면 동일한 주제의 문서철이 다른 용어로 색인되어 문서철의 주제어를 신뢰할 만한 검색도구로 이용할 수 없게 된다. 특히, 명칭이나 '고유명사'를 색인할 때는 항상 규정에 따라야 한다.

　색인할 때는, 문서철의 주요 주제어 두 가지를 인식하고 이를 통제어휘집의 적절한 용어와 비교하여 선별한다. 만약 적절한 용어가 없다면, 새로 만들되 이는 문서과장이 결정한다. 경우에 따라서는 3～4개의 용어로 문서철을 색인해야 할지도 모른다.

4. 문서철관리카드(file transit sheet)

　이어서, 문서철관리카드(file transit sheet)를 작성한다. 이 관리카드에는 문서과에서 생산한 모든 문서철의 인수인계사항(movement)을 즉시 반영하여 문서철의 소장위치가 기재되므로 문서철을 검색할 때, 보다 효과적이고 신뢰할 만하다. 카드에는 다음사항을 기재한다.

- 보안등급(관련된다면)
- 문서철 번호.
- 문서철 명
- (문서철 색인에서 추출된) 표제
- 기존 문서철과 후속 문서철의 번호
- 문서철 소장위치(인수자와 인수일자)

<도표 8> 문서철관리카드 참조

문서철마다 별도로 관리하는 문서철관리카드를 시리즈 및 문서철 번호순으로 정리하고 라벨을 붙여 구분할 수 있는 대장(docket book)이나 링바인더(ring binder)에 넣어 관리할 수 있다. 모든 문서철의 인수인계사항(file movements)을 카드에 기입한다.

만약 기존 문서철에 새로운 분철이 생기면 신규 문서철의 등록처리와 동일하게 문서철등록부, 문서철색인은 물론 문서철관리카드를 작성한다. 기존 문서철 번호를 새로운 카드에 기재하여 신규 문서철의 해당 박스에 넣고 마찬가지로 '후속 문서철의 번호'는 기존 문서철의 카드에 기재한다.

종결된 문서철을 폐기하거나 자료관으로 이관하게 되면 이를 문서철관리카드에 기재한다. 그리고 문서과에서 더 이상 보유하지 않는 문서철의 관리카드는 별도로 관리대장(transit book)이나 꼬리표 달린 문서철(tagged file)에 옮겨놓는다. 종결된 문서철관리카드는 알파벳과 숫자를 조합하여 그 순서대로 정리한다. 이러한 과정을 통해 문서철관리대장(file transit book)이 다 채워지면 카드를 꺼내 하나로 묶어 자료관으로 이관하여 문서철 처리 근거기록으로 영구히 보존한다.

제7장

문서철 인수인계(movements) 관리

1. 문서철 인수인계사항 기재

적어도 다음 세 가지 경우 업무담당자에게 문서철을 인계한다.

- 문서과에서 접수한 문서를 등록, 편철하여 업무담당자에게 넘기는 경우
- 업무담당자가 문서철을 '재차 이용하는 경우'(제8장 참조)
- 업무담당자가 인편이나 전화로 문서철을 요청하는 경우

문서과 담당자는 그들 책임하에 있는 모든 문서철의 위치를 지정한다. 문서철이 인수인계될 때마다 그 사실은 문서과에 기록된다. 문서철의 인수인계사항은 문서철관리대장에 편철된 문서철관리카드, 문서철 표지에 있는 관리표(transit ladder), 문서철인수인계카드(file movement slips)에 기록되고 정기적으로 문서철을 점검할 때 확인된다(이 과에서는 이러한 다양한 경로에 대해 모두 다룰 것이다).

2. 문서철관리카드 이용

이용자가 문서철을 어떤 이유로 단기간이라도 대출하면 문서과 담당자는 문서철관리카드에 '인수자', '인수일자' 칸에 기재한다. 또, 문서철이 문서과로 반납된 것도 기록한다.

3. 문서철인수인계카드(movement slip)

업무담당자간에는 일상적인 업무로 자주 문서철을 주고받는다. 단기간 문서철을 주고 받는 경우, 예를 들어 문서철을 대출한 업무담당자가 그안에 담긴 문서를 읽고자 하는 다른 담당자에게 그 문서철을 넘겼을 때 이를 문서과에 일일이 기재할 필요는 없다. 그러나, 업무담당자가 업무를 끝내고 다른 담당자에게 문서철을 전달할 때는 그것이 일시적이라 할지라도 일반 규정에 따라 즉시 문서철인수인계카드(file movement slip)에 작성하여 문서과에 통보한다. 이를 위해 문서과장은 업무담당자에게 문서철인수인계카드를 충분히 공급한다. 문서과 담당자는 문서철인수인계카드를 접수하면 기재된 사항을 문서철관리카드에 기록한다. 작성된 문서철인수인계카드는 6개월 동안 잘 보관하다가 폐기한다.

<도표 9> 문서철인수인계카드 참조

4. 문서철관리표(transit ladder)

각 문서철의 인수인계사항은 문서철 표지에 있는 관리표(transit ladder)에 기록된다. 이 표의 정보는 문서철관리카드에 기재된 것과 동일하며 특정 문서철을 취급한 업무담당자를 모두 확인할 수 있다. 따라서 이 표가 모두 채워지면 새 것으로 교체한다.

5. 문서철 점검(file census)

때때로 업무담당자는 문서과에 통보하지 않고 문서철을 다른 담당자에게 건내기도 한다. 때문에 문서과 담당자는 문서과에 소장되어 있지 않은 문서철이 어디에 있는지 확인하기 위해 문서과 이외 모든 부서에서 소장하고 있는 문서철을 정기적으로 점검한다. 만약 문서철 관리서식의 기재내용과 문서철의 소재위치가 일치하는 경우 문서철 점검 빈도는 점차 줄어 들 것이다.

문서과 담당자는 업무담당자를 정기적으로-일주일에 한번정도- 만나, 그들이 소장하고 있는 모든 문서철의 목록을 점검서식에 기재한다. 점검자는 각 점검서식 하단에 서명하고 관련 업무담당자도 이를 확인한 후 서명한다. 문서철 점검서식을 작성한 후 서식의 기재사항과 문서철관리대장의 내용을 비교하여 만약 맞지 않는 부분이 있으면 문서철관리카드를 수정하고 문서과장에게 보고한다.

<도표 10> 문서철점검서 참조

6. 문서과 서고에 반납된 문서철 기재

문서철이 문서과 서고로 반납되면 이것도 '문서철인수인계사항'(file movement)이므로, 항상 문서철관리표와 관리카드에 모두 기재한다.

7. 문서철 이용신청

문서과에서 문서철을 대출할 때는 모든 문서철의 인수인계 사항을 전적으로 책임지는 문서과장의 지시를 따라야 한다. 다른 곳에서 이용되고 있는 문서철에 대한 신청이 있으면, 문서과 담당자는 문서철의 소장위치를 탐색하고 문서과장의 대출지시에 따라 문서철을 요구한다.

8. 분실된 문서철 추적

만약 문서철을 분실하면 문서과에서는 다음과 같은 절차를 밟아 처리한다.

- 문서과장은 마지막으로 관리카드(transit sheet)에 기록되어 있는 사람과 만나 문서철을 찾아보도록 요청한다.
- 만약 이것이 실패로 끝나거나 실행할 수 없다면, 문서과장은 분실된 문서철의 소장여부를 확인하도록 기관내 모든 담당자에게 공고한다.
- 그래도 여전히 문서철이 발견되지 않으면, 효율적으로 조사를 수행할 수 있는 권한자

가 특별조사를 실시한다.

- 문서과 담당자는 문서철이 보이지 않거나 분실되었을지도 모른다는 것을 알게 되면 곧, 해당 문서철관리카드에 '망실문서철'이라고 써넣는다. 망실문서철의 목록은 문서 과장이 관리하고 정기적으로 조사하여 그 결과를 기록한다.

9. 임시 문서철

망실된 문서철과 관련한 업무가 지속되는 경우 꼭 필요하다면 임시 문서철이라도 만들어 야 한다. 임시 문서철을 만들 경우에는 반드시 문서과장의 허가를 받아야 한다. 임시 문서철 에는 망실 문서철과 동일한 번호를 부여하고 일반 문서철과 동일한 방식으로 개설한다. 가 능한 한, 임시 문서철 표지를 사용하고 임시 문서철 표지를 사용할 수 없다면 기본 문서철 표지에 굵게 '임시'라고 표시하고 대체한다. 문서철 관리서식은 모두 동일하게 작성한다(신 규 문서철을 기록하는 서식에 대해서는 제6장 참조).

망실되었던 본래 문서철을 찾게 되면, 임시 문서철에 담긴 모든 문서는 되찾은 문서철로 옮기고(적절한 날짜순으로) 편철한 순서에 따라 새로운 번호를 기입한다. 임시 문서철의 앞 표지에는 망실되었던 문서철을 발견한 날짜를 표시한다. 인쇄된 부분과 임시 문서철 표지의 관리표는 잘라서 망실되었던 본래 문서철에 넣는다. 임시 문서철의 관리카드와 모든 색인카 드는 망실되었던 문서철을 발견한 날짜와 동일하게 표시한 후 말소하고 관련 대장의 동일한 위치에 보존한다. 또 망실되었던 본래 문서철의 관리카드를 수정하고 문서철을 되찾은 사실 을 망실문서철 목록에 기재한다.

제8장

문서철 반납처리

1. 문서과에 반납된 문서철

　업무담당자는 관련된 업무를 마치면 즉시 대출한 문서철을 반납한다. 문서과 담당자는 반납된 문서철에 첨부해야 할 우편물이 있는지 체크한다. 특히 문서철 사본을 즉시 편철해야 하는 경우, 우선 편철이 느슨해진 문서(loose paper)는 확실히 붙여놓는다. 이때, 발송에 관한 문서는 제거하고 기록하여 처리한다(제3장 참조). 문서과에 반납된 문서철에 대한 사항은 문서철관리표(transit ladder)와 관리카드(transit sheet)에 기재한다.

　문서과에 들어온 지시사항을 확인한다. 예를 들어 만약 '재차 대출'(bring-up)이 필요하다면, 이를 대출예약(bring-up) 일지에 기록한다(후술 내용 참조). 문서철이 다른 담당자나 부서로 건네진 경우에는, 이를 관리카드(transit sheet)와 문서철표지에 기재한다.

　분명한 업무지시가 없으면, 그 문서철은 즉시 치워둔다. 일과를 종료할 때에는, 다음날 '대출예약'(bring-up)된 문서철 이외 다른 어떤 문서철도 문서과 내에 방치해서는 안 된다.

2. 대출예약 일지(bring-up diary)

　업무담당자가 문서과에서 문서철을 재 대출받을 필요가 있는 날짜를 지정하는 것이 브링업시스템이다. 문서철 이용자는 업무가 일시 중단될 때 이 서비스를 이용하고자 할 것이다. 브링업시스템을 이용하게 되면, 업무담당자는 업무가 진행되지 않는 동안 문서철을 사무실에 보관할 필요가 없어 진다. 따라서 업무담당자가 업무에 이용되지 않는 문서철을 단기간이나마 문서과로 반납했다가 다시 이용할 수 있는 브링업시스템에 대해 이용자가 신뢰한다면 대단할 것이다.

　브링업시스템은 업무담당자가 문서과의 효율성과 신뢰도를 측정하는 주요 척도 가운데 하나이다. 이것이 성공적이고 효율적으로 운용된다면 이용자가 문서철을 장기간 보유하여 문서철의 소재를 파악할 수 없거나 또는 문서철의 소재를 파악하기 위해 소모되는 막대한 필요시간 등 문서과 담당자가 부담해야 하는 많은 문제를 예방할 수 있게 된다.

대출예약 사항을 가장 효과적으로 관리하는 방법은 여백이 있는 탁상용 달력에 매일 기록하여 이용하는 것이다. 문서철 이용자는 색인목록을 통해 대출예약이 필요한 세부사항을 확인하고 문서과 담당자는 대출예약 일지의 해당날짜에 요구사항을 기록한다.

매일 오후 문서과 담당자는 다음날 대출예약 일지를 눈여겨보고 다시 대출하기 위해 문서철을 꺼내어 이튿날 관련자에게 문서철을 발송하고 관리표(transit ladder)와 관리카드(transit sheet)를 작성한다.

만약 대출예약된 문서철이 문서과 내에 없을 때에는 문서과 담당자가 관리카드를 이용하여 문서철의 소재를 확인한다. 이미 다른 직원이 문서철을 이용하고 있으면 문서과장이 해당 직원에게 알리거나 협조를 요청할 책임이 있다.

제9장

문서철 종결과 자료관 이용

1. 문서철 종결

문서과에서는 일정 주기에 따라 문서철을 종결짓고 처리일정표에 명기된 기간동안 문서철을 보관한다. 문서철은 보존기간이 만료되는 시점에 폐기되기도 하지만 대부분은 자료관으로 이관된다. 이 과에서는 문서철 종결과 그 순차적인 처리에 대해서 다룬다.

문서과 담당자는 문서철을 생산한지 5년이 지났거나 두께가 3cm 이상이 되면 곧 해당 문서철을 종결한다. 그 이유는 다음과 같다.

* 문서철의 두께가 3cm 이상이면 관리하기에 불편하고 내용물이 손상될 가능성이 높다.
* 생산된지 5년 이상 된 문서를 참고하는 경우는 매우 드물기 때문에, 이를 현용기록물로 취급하지 않는다.

종결된 문서철에는 더 이상 문서를 추가해서는 안 된다.

문서철을 종결할 때는 앞표지에 대각선으로 굵게 '종결'이라 쓰고, '종결 일자'를 덧붙인다. 문서철관리카드에도 문서철이 종결되었다는 사실과 날짜를 기록한다.
만약 종결된 문서철에 담긴 업무가 계속 진행된다면 문서철을 분철한다(제5장 참조). 새로 분철한 문서철 번호를 종결된 문서철관리카드에 기록하고 문서철을 관리하는 모든 서식에 기재한다. 이 신규 문서철에는 앞서 종결된 부분이 있다는 설명과 참고사항을 주기로 달아둔다. 만약 종결된 부분이 자료관으로 이관되었다면 이를 관리카드와 새로이 분철한 문서철에도 기록한다.

2. 종결된 문서철 보관

종결된 문서철에 새로운 업무활동(action)에 관련한 문서를 추가하지는 않는다. 그러나, 문서과에서는 종결된 문서철을 이용자가 손쉽게 이용할 수 있도록 일정기간 보관한다. 업무담당자가 종결된 문서철을 요구하면 문서철 인수인계사항을 종결된 문서철관리카드에 기록한다. 종결된 문서철의 현용되는 분철을 문서과에서 보유하고 있다면 현용되는 분철과 종결된 문서철을 함께 업무담당자에게 전달하고 관리서식에 기재한다.

보통, 종결된 문서철은 3년이나 5년 간 문서과에서 보관한다. 보존기간은 처리일정표에 상세히 기재되어 있다(후술 참조). 처리일정표에 정해진 기간이 만료되면 종결된 문서철을 폐기하거나 자료관으로 이관한다. 이는 모두 문서과의 책무이다.

3. 처리일정표

지속적인 가치를 가진 것으로 판단하여 영구보존하기 위해 보존기록관리기관으로 이관되는 기록물은 소수에 불과하고, 대부분의 기록물은 법적, 행정적 가치가 없어지면 곧 폐기된다. 또, 현행 업무수행에 필요할 것으로 판단되지는 않으나 지속적인 가치를 갖는 기록물은 자료관으로 이관되어야 한다.

기록물관리기관장은 종결된 문서철을 이관할 것인지 폐기할 것인지를 관련 담당자와 협의하여 결정할 책임이 있다. 기록물관리기관장의 결정사항을 하달하는 지침의 형태가 바로 처리일정표이다.

<도표 11> 처리일정표 참조

처리일정표에는 두 가지가 있다. 하나는 재정이나 차량유지 등과 같은 공통된 기능에 관한 기록물을 대상으로 하는 '일반처리일정표'(general schedules)이고, 또 하나는 개별 기관/부서의 기록물에만 적용되는 '특별(또는 기관)처리일정표'(specific(or agency) schedules)이다. 문서과에서는 일반처리일정표 사본은 물론, 당해 기관 특별(또는 기관별)처리일정표를 발간하여 보유한다. 자료관에서도 일반처리일정표와 특별처리일정표 사본을 소장하고 있어야 한다.

대부분의 경우 처리일정표에는 정해진 보존기간이 경과한 후 종결된 문서철을 자료관으로 이관하도록 규정하고 있다. 문서과에서는 처리일정표를 적용할 때 있을 수 있는 의문사항을 자료관의 담당자와 협의한다. 문서과장이 처리일정표에 정해진 기간보다 더 오랫동안 기록물을 보관해야 한다고 판단하면 구체적인 이유를 자료관에 통지한다. 자료관에서는 일반적으로 처리일정표에 포함되어 있지 않은 기록물을 인수하지 않는다. 그러나 그러한 기록물이라도 기록물관리기관장이 승인하면 해당 기록물을 문서과에서 자료관으로 이관할 수 있다.

자료관으로 기록물이 이관되면 자료관의 담당자는 규정에 따라 그 후속절차를 수행한다. 즉, 기록물 이용대비 검색, (필요하다면) 기록물 재평가를 통한 폐기나 보존기록관리기관으로의 이관 등을 책임진다. 자료관에서 기록물을 재평가할 때는 담당자가 기록물을 이관한 부서에 통보한다.

4. 문서과 소장 기록물의 폐기

기록물을 생산한 기관이나 부서에 보관능력이 있으면 5년 이내 폐기하도록 규정된 기록물을 자료관으로 이관하지 않는다. 부득이 이관해야 할 경우에는 기록물관리기관장의 승인을 받는다.

문서과에서는 6개월마다 처리대상기록물제안서 2부를 작성하고 폐기대상 기록물 시리즈의 목록을 만든다. 자료관에서는 폐기대상기록물 승인목록 원본(top copy)을 회신한다. 단, 처리대상기록물에 문제가 있으면 이를 조사한 후 회신한다. 문서과에서는 이 자료관의 회신서를 편철하여 보관한다.

<도표 12> 처리대상기록물제안서 참조

처리대상 기록물은 자료관에서 정리한다. 기록물은 재활용할 수 있도록 세절(細切)하거나 소각(燒却)하여 폐기한다. 문서과 담당자는 문서철의 처리사항을 관리카드에 기록한다.

자료관에 소장된 기록물의 폐기에 대해서는 아래에 상세히 서술할 것이다.

5. 자료관으로의 문서철 이관

자료관에서는 이관되는 문서철을 담을 박스의 번호, 자료관이관기록물목록을 문서과로 보내고, 문서과에서는 이를 작성한다. 이관기록물통지서는 기록물을 위탁하는 근거서류로 이용되므로, 여기에는 이관될 모든 기록물의 요지, 연대, 형태를 기록한다.

문서철을 자료관으로 이관하는 절차는 다음과 같다.

- 이관할 문서철을 원래 생산된 순서대로 정리한다. 부서별로 생산하여 보관하고 있는 유사한 기록물을 시리즈나 그룹으로 조직한다. 각 시리즈 내의 기록물을 번호순으로 배열한다.
- 자료관으로 이관되는 문서철을 문서철관리카드에 표시한다.
- 문서철에서 감사카드, 광고물, 여분의 복사본 등 가치가 없는 자료를 제거하고, 먼지를 털어 내어 포장한다. 문서철에서 문서가 떨어져 나갈 염려가 없다면 금속제 핀이나 클립을 제거한다. 만약 문서철의 형태를 유지할 수 없는 경우에는, 줄(twine)로 단단히 묶는다.
- 기록물은 박스에 수평으로 차곡차곡 넣되 지나치게 많이 담아서는 안 된다. 가능한 한 비슷한 시기에 종결된 문서철을 같은 박스에 넣는다. 박스에 넣을 수 없는 문서철은 두께 30cm 이내(10~12인치)로 묶는다. 내용물 가운데 비밀문서가 있어도 상자에는 그에 관한 정보를 쓰지 않는다.
- 박스에 잘 들어가지 않는 두꺼운 문서철과 링 바인더의 경우에는 내용물을 빼내어 봉투에 넣거나 줄로 묶고 조심스럽게 라벨을 붙여 이관한다.
- 각 박스의 문서철(또는 내용물 묶음)은 자료관이관기록물목록에 기재하되, 처리날짜, 자료관 서가번호, 처리행위범주는 공란으로 남겨둔다. 각 박스는 별도 서식(필요하다면 일련의 카드)에 목록을 작성한다. 이관기록물목록 4부를 작성하고 그 가운데 3부는 자료관에서 사용한다. 만약 먹지로 사본을 만드는 경우 사본의 정보가 선명한지 점검한다. 자료관에서는 이관기록물목록에 제대로 기재되지 않은 기록물을 수령하지 않는다. 자료관에서 보낸 박스에 문서철을 넣고 그 앞에 서식의 사본 4부[3]를 넣어 이관한다.
- 기록물을 수령하는 자료관의 담당자는 이관기록물목록과 대조한다. 만약 의문사항이 있을 경우에는 문서과에 연락하고, 그렇지 않으면 자료관에서 수령증과 함께 처

---

3) [역주] 문서과에서는 이관기록물목록 4부를 만들어 1부는 이후 기록물 이관여부를 확인하기 위해 보관하므로 '사본 3부'의 오기(誤記)로 보임(『자료관 : 업무편람』 제2장 참조).

리일자, 자료관 서가번호, 처리행위범주를 부기한 이관기록물목록 사본을 문서과로 보낸다.

- 문서과에서는 자료관이관기록물목록을 편철하여 관리한다. 완결된 이관기록물목록은 박스번호순으로 철해 두고 차후 자료관에서 문서철을 이용하고자 할 때 이를 활용한다.

<도표 13> 자료관이관기록물목록 참조

6. 자료관의 문서철 이용

종결되어 자료관으로 이관된 문서철은 필증을 받은 직원만 검색할 수 있다. 자료관에서는 관련 기관의 문서과장 이외에 다른 사람의 문서철 이용신청을 수용하지 않는다. 문서과장만이 문서철에 대한 요구를 지시할 수 있다.

이용자가 자료관에 소장되어 있는 문서철을 요구하려면, 정확한 제목, 참조번호, 박스번호, 서가번호를 알 수 있는 자료관이관기록물문서철을 조회하여, 자료관기록물신청서 사본 3부를 작성하고 이를 자료관으로 보내거나 직접 제출한다. 서식 사본 3부 가운데 1부는 요청한 문서철과 함께 문서과로 보내지고, 나머지 2부는 자료관에서 보관한다.

<도표 14> 자료관기록물신청서 참조

더 이상 필요하지 않은 대출문서철은 곧 자료관으로 반납한다.

자료관에서 대출받은 기록물은 한 달 이내에 반납해야 하는데 그 기간을 연장하고자 할 때에는 자료관의 승인을 받는다. 별도의 요청없이 문서철을 한 달 이상 보유하면 자료관에서 반납을 종용하거나 대출기간을 연장하는데 필요한 신청서를 문서과로 보낼 것이다. 만약 기록물을 이관한 부서나 기능을 인계받은 부서에서 대출한 자료관 보유기록물의 이용기간을 정할 수 없다면, 문서과에서는 기록물을 반환받기 위해 자료관기록물신청서에 그 이유를 기술한다. 이 요청이 타당할 경우 자료관으로부터 기록물을 되돌려 받을 수도 있다. 이때 자료관에서는 영구반환확인각서를 문서과로 보내고 문서과에서 보관하고 있는 관련 이관기록물목록 사본을 수정하도록 요청한다.

7. 자료관의 기록물 조회

필증을 받은 사람은, 자료관에서 기록물을 대출하지 않고 참고만 할 수도 있다. 이 경우에도 오직 생산부서나 이관부서에서 특별히 인증한 사람만 기록물을 이용할 수 있다. 자료관 담당자는 인증서 등을 확인하고 기록물을 제공한다.

여전히 비밀보안이 필요한 기록물의 경우에는 적절한 보안등급 소지자만 열람할 수 있다. 방문자는 기록물을 참고하고자 하는 사항을 사전에 자료관에 알린다.

8. 자료관의 정보나 사본 제공

자료관에서는 지정된 원본 기록물만을 대출하는 것이 일반적인 정책이지만 문서과장이 허가한 이용자에 한하여 기록물을 대출하지 않고 다음과 같이 요구할 수 있다.

- 원본 기록물 대신에 그 안에 담긴 정보 요구
- 원본 기록물 대신에 지정된 문서의 사본 요청

원본 기록물이외의 정보도 문서과장이 특별히 인정한 경우에만 제공한다.
자료관장은 다음과 같은 경우 기록물에 담긴 정보제공을 허용할 수 있다.

- 정보가 애매모호하지 않아서 신속하고 용이하게 확보할 수 있을 때
- 대안(代案)이 무척 귀찮고 많은 시간을 필요로 할 때

자료관에서는 원본 기록물 대신에 사본을 제공하는 것이 더 경제적이거나 효율적일 때에는 그렇게 할 수도 있다. 특히 다음과 같은 경우에는 사본을 제공한다.

- 문의한 부서에서 요청할 때
- 자료관장이 그렇게 하도록 결정할 때
- 원본 문서철 전체를 제공하는 것보다 사본을 제공하는 것이 훨씬 더 경제적이고, 문의한 부서에서도 이에 동의할 때

9. 처리일자와 재평가 절차

자료관으로 이관된 모든 기록물은 처리일자(action date)로 정해진 바로 그때 자료관에서 처리된다. 자료관 담당자는 적기(適期)에 이러한 절차를 능동적으로 수행한다.

기록물의 처리행위범주는 다음과 같이 구분된다.

- 기록물의 폐기
- 기록물을 보존기록관리기관으로 이관
- 기록물의 재평가

기록물의 재평가는 관련 처리일정표에 정해진 보존기간 이후 선임 문서과 담당자의 조언을 받아 생산부서의 적임자가 수행한다.

이 때, 자료관에서는 기록물을 이관한 부서에 자료관기록물처리서와 관련 이관기록물목록 부본을 첨부하여 재평가 대상인 기록물을 통보할 책임이 있다.

기록물처리서 말미 답신카드에는 세 가지 사양사항을 열거하고 있다. 이 사양사항은 첨부한 이관기록물목록에서 구체적인 기록물에 관한 처리대안을 제시한다.

- 기록물을 폐기한다.
- 여전히 업무상 필요한 향후 □년 동안 기록물을 보존한다.
- 영구보존하기 위해 기록물 관리시설로 기록물을 이관할 것을 고려한다.

자료관은 기록물의 처리절차를 인식하고 있어야 한다. 문서과장이 기록물처리서를 작성하여 자료관으로 회신하면 자료관에서는 기록물처리서에 정식으로 서명하고 구체적으로 실행한다.

기록물처리서에 더 보존하자는 회신을 받으면, 자료관에서는 새로운 처리날짜를 기재한다. 그러나 자료관장이 보존기간을 연장할 이유가 없다고 판단할 때는 기록물을 이관한 기관과 협의한다. 또, 생산기관이 3개월 내에 자료관으로 기록물처리서에 대해 회신하지 않으면 자료관에서는 예정된 대로 구체적으로 지정된 처리행위를 실행한다.

<도표 15> 자료관기록물처리서 참조

10. 자료관 소장 기록물의 폐기

자료관에서 다음의 경우 기록물을 폐기한다.

- 일상적인 폐기활동이나 처리시점의 도래 등 처리일정표에 상세히 언급되어 있는 경우
- 폐기하도록 기재된 기록물처리서를 접수한 경우

자료관이관기록물목록에 기입된 박스를 폐기할 때, 자료관에서는 '폐기 박스'라고 인장을 찍은 목록의 사본을 해당 문서과로 보낸다. 문서과에서는 인장이 찍힌 목록을 접수한 후 문서과 이관기록물목록을 편철한 문서철에서 동일한 목록의 사본을 빼내어 폐기한다.

제10장

문서철 보관

1. 문서철 보관방법

문서철을 보관하는 기본방식에는 측면(lateral), 수직(vertical), 수평(stacking) 세 가지가 있다. 측면보관은 일반적으로 서랍 네 개가 있는 문서철 캐비닛에 폴더걸이가 있는 길고 좁은 틈에 문서철을 세워서 보관하는 것이다. 수직보관은 바깥쪽으로 끌어당겨 문서철을 수직으로 보관하는 것으로 벽장이나 선반에 얹는 캐비닛 형태이다. 수평보관은 문서철을 차곡차곡 쌓는 방법이다.

〔측면 파일용 캐비닛〕　　　〔수직 파일링 캐비닛〕　　　　〔수평 파일링 캐비닛〕

각각의 보관방법에는 장점과 단점이 있다. 폴더걸이(hanging folder)를 사용하는 캐비닛에 측면으로 보관하는 것은 경제성이 떨어지지만 접근하기 쉽다. 개방된 선반에 문서철을 세워서 보관하는 것은 경제적이지만 비밀문서에는 적당하지 않다. 수평으로 쌓아 보관하는 방법은 가장 저렴하고 편리하지만 많이 쌓으면 검색하기가 곤란하다. 문서철을 세워 관리할 때, 선반 칸막이를 이동시킬 수 없는 경우 보관된 문서철이 미끄러질 수도 있으나 기록물의 표지가 딱딱한 문서철이나 바인더에는 적당하다. 개방된 선반은 특히 건기(乾期)에 선반과 문서철에 먼지가 많이 쌓이는 단점이 있다.

2. 현용 문서철 보관

문서과는 업무담당자를 지원하기에 용이한 곳에 위치해야 한다. 문서과는 타이핑(typing)과 같은 행정적 기능과 구분되어야 하고, 문서과 담당자가 편안하면서도 기록물을 충분히 보관할 수 있어야 한다. 시설은 안전하고 잘 유지되어 문서철의 무게를 지탱하기에 충분히 강한 구조여야 한다(제11장 참조).

문서과의 기록물 서고에는 적절한 장비를 이용하여 문서철을 안전하고 확실하게 관리하고, 문서철이 미끄러지지 않도록 비품을 갖추어 둔다. 현용기록물을 보관하는 선반과 캐비넷 서랍에는 보관중인 문서철 번호를 적은 라벨을 부착하고, 문서철을 빼내거나 대체하기 쉽도록 선반이나 서랍에 여유공간을 두고 운영한다. 신규 문서철이 더 많이 생산되면 선반이나 서랍의 문서량이 증가하는 만큼 재정리하고 라벨을 수정한다.

적당한 재질의 문서철 표지, 서식, 기록물관리서식, 여타 문방구를 구비한다.

3. 종결된 문서철 보관

최근에 종결된 문서철은 열람 요구를 수용하기 위해 얼마간 문서과에서 계속 보관해야 할지도 모른다. 그러나 종결된 문서철은 항상 현용기록물과 섞이지 않도록 다른 선반이나 캐비넷에 구분하여 따로 보관한다. 선반과 캐비넷 서랍에는 라벨을 붙이고 변경사항이 있으면, 라벨을 계속 갱신한다.

문서철을 자료관으로 이관하는 정리절차에 대해서는 제9장에서 서술하였다.

제11장

시스템 유지

1. 기록물 보안

기록물을 보관하는 경우 언제, 어디서든 보안을 철저히 해야 한다.

- 문서과 또는 문서철을 보관하는 곳은 출입통제 구역이다. 비밀문서를 보관하고 있는 캐비넷은 잠궈둔다. 문서과 담당자가 없을 때, 문서과 바깥문은 항상 잠궈두고 외부 창문에는 보안창을 단다. 열쇠는 문서과 직원이 집에 가져가지 않도록 하고 안전한 곳에 보관한다.
- 방화조치가 필요하다. 문서철 보관지역에서는 절대 금연하고 적정 수의 소화기를 비치한다. 전기기구는 일과를 마친 후 전원을 내리고 정기적으로 화재에 대비하는 훈련을 실시한다.
- 비상대책은 적절히, 정기적으로 시험한다.

2. 올바른 일상관리

음식물은 기록물에 심각한 손상을 줄 수도 있으므로 문서과 내에서 먹고 마시는 일은 절대 삼가한다. 문서과는 정기적으로 청소하고 매일 휴지통을 비워 둔다.

3. 문서철 표지 교체

문서철관리표(transit ladder)가 다 채워지면 문서철 표지에 풀을 바르고 새 문서철관리표를 붙인다. 문서철 표지가 심하게 손상되었을 때는 새 표지로 교체하되 구 문서철 표지를 폐기하거나 내던지지 않고 문서철 첫 면 바로 앞에 둔다.

4. 문서과 업무조사

문서과장은 서비스 활동에 대한 이용자의 반응을 정기적으로 조사하고 문제가 발생하면 즉시 개선책을 시행한다. 또, 문서과장은 분기별 업무보고서에 다음사항을 상세히 작성하여 기록물관리기관과 상위 책임자에게 제출한다.

- 생성된 문서철의 수량
- 접수문서의 수량
- 우편물 폴더 회람에 소요되는 시간
- 문서를 접수한 시점부터 업무담당자가 문서철을 수령하기까지의 지원내용
- 자료관으로 이관된 문서철 박스의 수량
- 폐기된 기록물의 수량
- 문서과 운영상의 문제점

때때로 기록물관리기관은 문서과의 업무수행을 평가하고 조언하기 위해 점검하고 그 결과에 따라 문서과 직속 책임자나 자료관장과 협의하여 개선책을 마련한다. 이때 문서과장은 보고서에 권고하는 바에 따라 개선해야 할 책무가 있다.

5. 문서과의 난제발생 징후

문서과와 업무절차에서 주목해야 할 상황은 다음과 같다.

- 우편물 폴더의 회람에 너무 많은 시간이 소요될 때
- 문서를 다른 문서철에 잘못 편철했을 때
- 문서를 제공하지 못하여 이용자의 신임이 떨어졌을 때

- 업무담당자가 자기 사무실에 문서철과 문건을 보관하여 정보를 공유할 수 없을 때
- 업무담당자가 자신의 공간이 부족한 경우에만 문서철을 문서과로 넘길 때
- 편철하고 색인해야 하는 미처리 기록물이 문서과에 남아 있을 때
- 문서철이 너무 두꺼워서 표지와 내용물이 손상될 때
- 자료관으로 이관해야 하는 많은 비현용(inactive) 문서가 문서과에 남아 있을 때
- 문서과 안이 정리되지 않고 어수선해질 때

6. 문서과나 업무절차에 대한 정밀조사

문서과나 업무절차를 조사하는데는 몇 가지 이유가 있다.

- 업무활동(activities) 범주가 확대되었을 때
- 부서에 새로운 기능이 부가되었을 때
- 다른 기관의 기능을 넘겨받았을 때
- 문서과 영역이 재편되었을 때
- 현 시스템을 소홀히 관리하거나, 잘못 기획하여 비효율적일 때

문서과장이나 그 상위 책임자는 문서과에 문제가 있다고 판단되면, 기록물관리기관장에게 제안하여 해결할 수 있어야 한다.

표준 서식

표준서식은 도표 번호순으로 볼 수 있다.

1. 문서접수대장
2. 송금대장
3. 문서발송대장
4. 인편사송대장
5. 문서철표지
6. 색인목록
7. 문서철등록부
8. 문서철관리카드
9. 문서철인수인계카드
10. 문서철점검서
11. 처리일정표
12. 처리대상기록물제안서
13. 자료관이관기록물목록
14. 자료관기록물신청서
15. 자료관기록물처리서

문서접수대장

연번	생산일	접수일	발신처	[기관]참조	문서명	담당자 및 편철일자	문서철번호

<도표 1> 문서접수대장

송금대장

서식 일련번호 _____

연번	접수일	송금자 성명	금액	수표인 경우		송금처리담당자 성명과 서명
				은행코드	수표번호	

주의사항 : 수정할 때는 지우지 말고 사선을 그어 수정하시오

<도표 2> 송금대장

문서발송대장

연번	접수일	발송일	문서명	문서참조번호	문서수령인명	발송방법

<도표 3> 문서발송대장

인편사송대장

사송일자	문서참조번호	사송자명	발송기관명	수령인 성명과 서명 수신일자

<도표 4> 인편사송대장

제12장 표준 서식
61

민원담당관실
(office of the head of the civil service)

청색 필기구로 맨 위 바깥쪽에 문건번호를 순차적으로 기입 새 시리즈가 시작되는 면에 순차적으로 색인번호를 기입 여유공간이 있으면, 마지막 첨부물의 맨 마지막 면이나 다음 면에 색인 을 작성하고, 적절한 공간이 없으면 색인목록을 문서철에 삽입	문서철 번호 PB- Vol

문서철명

번호	인수자	쪽수	인수일	인수자	쪽수	인수일	인수자	쪽수	인수일
								문서철서고이전승인	
							승인자서명	승인 일자

<도표 5> 문서철 표지

	문서철번호
	색인목록

<도표 6> 색인목록

문서철등록부

연번	문서철 번호	문서철 생산일	문서철 명	기존 문서철 번호

<도표 7> 문서철등록부

문서철관리카드

보안등급 (필요시 상향조정)	문서철번호				
문서철명					
표제					
기존 문서철 번호			후속 문서철 번호		
인수자	인수일자	인수자	인수일자	인수자	인수일자

<도표 8> 문서철관리카드

문서철인수인계카드

※ 장기간 이용 문서철 인수인계
  (문서철을 다른 담당자에게 넘길 때에는 문서과에 이 서식을 작성하여
   보내주세요. 문서과에서 기록물을 정확하게 관리하기 위해 필요합니다.)

문서철번호	
문서철명	
인수자	
소장위치	
일자	
서명	

<도표 9> 문서철인수인계카드

문서철점검서

일시_____

문서철번호	문서철 명	소재/담당자

서명_____

<도표 10> 문서철점검서

은행 회계기록물

유 형	건	제 목	처 리
수표 및 관련기록	1	수표기입장 / 전표	2년
	2	효력정지 수표	2년
	3	부도 수표	2년
	4	신규발행 수표	6년
	5	지급 수표	6년
	6	지급정지 수표	2년
	7	수표발행 기록대장	2년
	8	수표등록부	2년
	9	수표지급기록	6년
은행예금	10	은행예금대장/전표	2년
	11	은행예금요약카드;일일예금결산서;수표예정일	2년
	12	수합하기 위해 예치된 수표등록부	2년
은행 계정 조정	13	계정조정 파일 / 전표	2년
	14	지급수표 일계표	2년
	15	미지급수표 기록	2년
예금거래명세	16	예금거래 명세서	2년
	17	차감잔액의 은행보관증	2년
온라인뱅킹 및 자금이체	18	현금 거래; 지불명령; 예금; 인출	종이문서와 동등하게 처리
	19	감사증적(監査證跡)	기초거래기록과 동일한 보존기간 적용

<도표 11> 처리일정표 샘플

처리대상기록물제안서

수신 : 자료관장

발신 : 문서과

      기관/부서_____

      _____

      문서과 코드_____

일자 : _____

아래 기록물이 폐기대상인지 ,당해 기관에 폐기권한이 있는지 확인해 주시기 바랍니다.

처리일정표 관리번호	시리즈 명	수록기간	문서철/건번호

폐기를 승인합니다.

서명_____ 일자_____
    자료관장

<도표12> 처리대상기록물제안서

자료관이관기록물목록

연번_____

기관_____   코드_____

부서_____   이관기록물위탁번호_____

문서과_____

처리행위범주(폐기, 재평가, 영구)_____
                          자료관에서 기재

박스 번호	기록물명/ 내용	참조번호	수록기간	처리일자	자료관서가번호

<도표13> 자료관이관기록물목록

자료관기록물신청서

서가번호 _____

문서관 코드번호 _____

박스번호 _____

기관/부서명 _____

문서철 번호 _____

신청 문서철명 또는 내용 _____

_____

대출일 _____

대출담당자 서명 _____

반납담당자 서명 _____

반납 독촉장 발송 _____

2차 반납독촉장 발송 _____

자료관장에게 보고 _____

반납일 _____

<도표 14> 자료관기록물신청서

제12장 표준 서식

71

자료관기록물처리서

문서과 : _____   문서과코드번호 : _____
                                이관기록물위탁번호 : _____

첨부된 기록물의 목록대로 '처리대상'기록물을 처리하고자 합니다.

아래 회신서를 작성하여 보내주십시오

만약 3개월 내에 회신이 없으면 귀 기관에서 첨부된 목록의 내용대로 처리하는 데 동의하는
것으로 판단할 것입니다.

서명 : _____
          자료관장

회신서

문서과 : _____   문서과코드번호 : _____
                                이관기록물위탁번호 : _____

첨부된 기록물목록을 판단한 결과 다음과 같이 처리하는 데 동의합니다

1. 해당 기록물 폐기·*
2. 여전히 업무부서에서 필요로 하는 _____년까지 기록물 보존*
3. 영구 보존하기 위해 보존기록관리기관으로 기록물 이관 권고*
* 해당되지 않는 번호에는 삭선을 그으시오

서명 : _____
직위 : _____   일자 : _____

<도표 15> 자료관기록물처리서

ㄱ~ㅁ

현용기록물관리 : 업무편람

옮긴이 고 선 미
감 수 한국국가기록연구원
펴낸이 조 현 수
펴낸곳 도서출판 진리탐구

초판 1쇄 인쇄 2004년 11월 10일
초판 1쇄 발행 2004년 11월 15일

주소 (121-040) 서울시 마포구 도화동 36번지
          고려아카데미텔Ⅱ 1320호
전화번호 02) 703-6943, 4
전송번호 02) 701-9352

출판등록일 1993년 11월 17일
출판등록번호 제 10-898호

ISBN   89-8485-097-7